Gebet

Herr! schicke, was du willst,
Ein Liebes oder Leides;
Ich bin vergnügt, dass beides
Aus deinen Händen quillt.

Wollest mit Freuden
und wollest mit Leiden
Mich nicht überschütten!
Doch in der Mitten
Liegt holdes Bescheiden.

Eduard Mörike

Psalm

Herr, leite mich in deiner Wahrheit
und lehre mich! Denn du bist der Gott,
der mir hilft; täglich harre ich auf dich.
Gedenke, Herr, an deine Barmherzigkeit
und an deine Güte, die von Ewigkeit her gewesen
sind. Gedenke nicht der Sünden meiner Jugend
und meiner Übertretungen, gedenke aber meiner
nach deiner Barmherzigkeit, Herr,
um deiner Güte willen!

Der Herr ist gut und gerecht; darum weist er
Sündern den Weg. Er leitet die Elenden recht und
lehrt die Elenden seinen Weg.
Die Wege des Herrn sind lauter Güte und Treue
für alle, die seinen Bund und seine Gebote halten.

Psalm 25,4–10

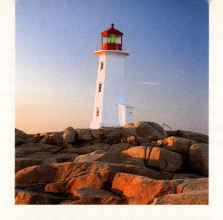

Gott zeigt neue Wege

Komme, was mag!
Gott ist mächtig!

Wenn unsere Tage verdunkelt sind und unsere Nächte finsterer als tausend Mitternächte, so wollen wir stets daran denken, dass es in der Welt eine große segnende Kraft gibt, die Gott heißt. Gott kann Wege aus der Auswegslosigkeit weisen.

Er will das dunkle Gestern in ein helles Morgen verwandeln – zuletzt in den leuchtenden Morgen der Ewigkeit.

Martin Luther King

Besinnung

Gottes Segen – den wünsche ich Ihnen zum Geburtstag. Dass er sich zeigen möge auf dem Weg, der vor Ihnen liegt. Vielleicht entdecken Sie Ihn ja auch, wenn Sie zurück schauen; auf die Zeit, die hinter Ihnen liegt, auf Ihre Erfahrungen, den Weg, den Sie bereits gegangen sind. Man kann staunen, wie erfüllt menschliches Leben doch ist; mit Schönem und Gutem, mit Arbeit und Mühe, mit enttäuschten Träumen und Leidvollem. Wenn wir wieder nach vorne schauen, haben wir es gut, denn unser Lebensweg führt hin zu Gott. Wir können nicht aus seiner Hand fallen. Und Gott schenkt mir viel Freiheit dabei. Es tut gut, darüber selbst zu befinden, was für mich das Richtige ist. Natürlich kann und soll ich auch in meinem Leben meinen Kurs korrigieren, wenn ich zu besserer Einsicht gelange. Und ich darf mir manchmal hierbei helfen lassen oder selbst andere unterstützen. Bei Gott finde ich dafür die tiefgehende Orientierung. Gespräch und Gebet oder in der Bibel lesen, das sind Möglichkeiten für mich. Tue ich das, hilft es, den Weg zu finden. Und es macht Mut, ihn auch zu gehen. Diesen Segen wünsche ich Ihnen.

Christine Kron

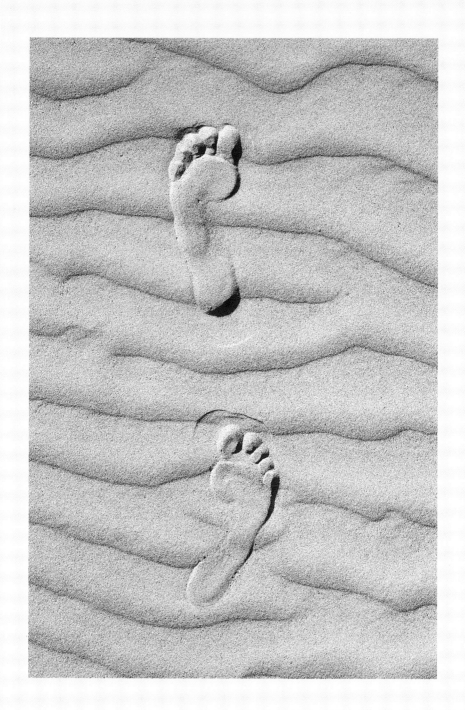

Vertrauen

Befiehl du deine Wege und was dein Herze kränkt der allertreusten Pflege des, der den Himmel lenkt. Der Wolken, Luft und Winden gibt Wege, Lauf und Bahn, der wird auch Wege finden, dass dein Fuß gehen kann.

Dem Herren musst du trauen, wenn dir's soll wohlergehn; auf sein Werk musst du schauen, wenn dein Werk soll bestehn. Mit Sorgen und mit Grämen und mit selbsteigner Pein läßt Gott sich gar nichts nehmen, es muss erbeten sein.

Dein ewge Treu und Gnade, o Vater, weiß und sieht, was gut sei oder schade dem sterblichen Geblüt; und was du dann erlesen, das treibst du, starker Held, und bringst zum Stand und Wesen, was deinem Rat gefällt.

Paul Gerhardt

Gebet

Verleihe mir,
allmächtiger Gott,
dass ich alles,
was dein Wille ist über meinem Leben,
umsichtig erforsche,
wahrhaftig erkenne
und vollkommen erfülle.
Ordne mein Leben so,
wie es dir zur Ehre
und mir zum Heile sein kann.
Gib mir dazu, o Herr,
ein starkes Herz,
ein freies Herz.
Mache mich schlicht ohne Überheblichkeit,
ernst ohne Trauer,
wahrhaft ohne Täuschung,
mutig ohne Furcht,
rührig ohne Leichtsinn,
lass meinen Weg gerade und sicher
zum Ziele kommen.
Lass mich immer auf dich hoffen,
liebreicher Gott meines Lebens!

Thomas von Aquin

In Dankbarkeit bewahren

Mögest in deinem Herzen du
so manchen reichen Lebenstag
in Dankbarkeit bewahren.
Mit den Jahren wachse jede Gabe,
die Gott dir einst verliehen –
um alle, die du liebst
mit Freude zu erfüllen.
In jeder Stunde,
Freud und Leid,
lächelt der Menschgewordene
dir zu –
bleib du in seiner Nähe.

Mein Wunsch für deine Lebensreise

Möge Gott auf dem Weg,
den du gehst, vor dir hereilen,
das ist mein Wunsch
für deine Lebensreise.
Mögest du die hellen Fußstapfen
des Glücks finden
und ihnen auf dem ganzen Weg folgen.

Tag um Tag
Vom Segen leben – Ein Geburtstagsgruß

© Hans Thoma Verlag GmbH, 3. Auflage, Karlsruhe 2004
Textauswahl: Christine Kron
Satz: Bernhard Kutscherauer
© Konzeption und Bilder: SKV-EDITION, Lahr/Schwarzwald
Bildnachweis:
Umschlag: H. J. Sittig
Innenteil: S. 1: J. Vogt
S. 3: Time Space Inc./IFA-Bilderteam
S. 4: M. Zweigle
S. 5: K. + D. Scholz
S. 7: Bildagentur E. Geduldig
S. 8: A. Jahns
S. 9: J. Jämsén
S. 11: V. Rauch/IFA-Bilderteam
S. 12: G. Eppinger
S. 13: V. Rauch
S. 15: Lahall/IFA-Bilderteam

Quellen der Texte:
S.1 Eduard Mörike: Gedichte. Reclam. OA. Stuttgart, 88
S.2 Psalm 25,4–10
S.4 Aus einem Lesezeichen der Evangelische Buchhilfe e.V. Vellmar
S.8 Paul Gerhardt aus: Evangelisches Gesangbuch 361
S.10 Aus einem Lesezeichen der Evangelischen Buchhilfe e.V. Vellmar
S.12, S.14 aus: Hermann Multhaupt: Möge der Wind immer in deinem Rücken sein. Alte irische Segensworte. Bergmoser und Höller

ISBN: 3-87297-147-6
Druck: St.-Johannis-Druckerei, Lahr